NOTICE

SUR

M. ERNEST VICART

PRÊTRE DE LA MISSION

Ancien Supérieur du collège de Montdidier

PARIS

IMPRIMERIE DE LA SOCIÉTÉ DE TYPOGRAPHIE

J. MERSCH, DIRECTEUR

8, RUE CAMPAGNE-PREMIÈRE, 8

—

1881

NOTICE

SUR

M. ERNEST VICART

PRÊTRE DE LA MISSION

Ancien Supérieur du collège de Montdidier

PARIS

IMPRIMERIE DE LA SOCIÉTÉ DE TYPOGRAPHIE

J. MERSCH, DIRECTEUR

8, RUE CAMPAGNE-PREMIÈRE, 8

—

1881

NOTICE

sur

M. ERNEST VICART

ANCIEN SUPÉRIEUR DU COLLÈGE DE MONTDIDIER
(1808-1874)

I

NAISSANCE DE M. ERNEST VICART (1808). — SON
ENTRÉE AU COLLÈGE DE MONTDIDIER. — SA PIÉTÉ
ET SES TALENTS. — SON ENTRÉE AU GRAND SÉ-
MINAIRE D'AMIENS. — SON ENTRÉE DANS LA CON-
GRÉGATION (1828). — IL EST NOMMÉ PROFESSEUR
AU COLLÈGE DE MONTDIDIER (1829). — MORT DE
SON PÈRE. — IL PROFESSE LES MATHÉMATIQUES
DURANT DIX-SEPT ANS.

« A la fin du siècle dernier, pendant le règne de
la Terreur, dans une de nos grandes villes, on
traînait à l'échafaud de nombreuses victimes.
Soudain, un des soldats de l'escorte, feignant d'accomplir un ordre, saisit un prêtre parmi les con-
damnés, l'entraîne rapidement par une rue voisine,

le conduit en lieu sûr, et déserte lui-même un drapeau déshonoré par la cruauté. Revenant dans sa patrie quand le calme lui est rendu, il s'unit à une épouse digne de lui. Au soldat sauveur de son prêtre, Dieu donne sept enfants dont quatre seront prêtres, l'un dans le clergé diocésain, et les trois autres dans la Congrégation de la Mission. » (1)

Le 20 octobre 1874, le dernier survivant de cette lignée sacerdotale rendait son âme à Dieu au collège de Montdidier. C'est celui dont nous entreprenons d'esquisser la notice pour la consolation de ses amis et l'édification des lecteurs.

M. Ernest Vicart naquit à Doullens (Somme), le 7 juillet de l'année 1808. Dès sa plus tendre enfance, il suça avec le lait les leçons d'une sagesse précoce, et de tous les exemples qu'il reçut d'un père et d'une mère irréprochables devant le Seigneur, il retint surtout une droiture à toute épreuve et cette crainte de Dieu qui assure dans notre cœur l'accomplissement de sa loi. Ces deux vertus restèrent traditionnelles dans la famille ; elles furent le plus précieux héritage des enfants et communiquèrent à chacun d'eux un parfum de simplicité digne des premiers âges chrétiens. Notre cher confrère comprit de bonne heure que cette simplicité est le fonds solide de toute vertu. En tenant nos regards constamment fixés sur Dieu, elle les détourne par là-même de la vanité et du mensonge, sources de tout péché. Il s'appliqua

1. *Semaine religieuse d'Amiens*, M. l'abbé Vimeux.

dès lors à perfectionner en lui, avec le secours de
la grâce, ce que la nature avait commencé. Fleur,
encore tendre, il s'attacha à puiser dans la tige
bénie d'où Dieu l'avait fait sortir la sève d'un
christianisme fort et généreux ; et sachant voir
déjà dans ses parents les dignes représentants, de
l'autorité divine, il s'appliqua à professer à leur
égard un respect plein d'obéissance et d'amour.

Il grandit ainsi sous les yeux de Dieu, partageant
le temps de son enfance entre les modestes leçons
de l'école de Doullens et les jeux innocents de son
âge. Mais Dieu avait de grands desseins sur son
jeune serviteur, et pour préparer leur accomplissement, il le sevra de bonne heure des douces joies
de la famille en inspirant à son père la pensée de
l'appliquer à l'étude de la langue latine. Le jeune
Ernest Vicart fut, à cet effet, envoyé au collège de
Montdidier dirigé depuis quelques années par les
prêtres de la Mission. Dieu est admirable dans ses
voies, et ce ne fut pas sans doute sans une douce
émotion mêlée peut-être d'un vague pressentiment
de l'avenir que M. Vicart dût franchir pour la pre-
mière fois le seuil de cette maison bénie qui, comme
un vase privilégié destiné à renfermer une liqueur
précieuse, devait en quelque sorte contenir toute
sa vie, toutes ses œuvres, ainsi que le parfum de
toutes ses vertus.

A peine entré dans l'établissement, M. Vicart
se fit remarquer entre tous ses condisciples par
une conduite exemplaire et par une capacité qui lui

valut bientôt de nombreux succès. Esprit positif et logique avant tout, il appliqua à l'étude des sciences une aptitude rare, sans préjudice toutefois de l'étude des lettres auxquelles jusqu'à ses derniers jours de souffrances et d'angoisses il voua un culte assidu. Ses belles qualités d'esprit et de cœur rehaussées par une modestie pleine de charme, le désignèrent bientôt à ses camarades comme un jeune homme de grande valeur et un ami sûr et fidèle. M. Vicart parcourut ainsi le cours complet de ses études avec cette régularité tranquille et ferme qui fut le caractère de toute sa vie.

Ce calme inséparable chez lui de son esprit de foi et de son union avec Dieu lui permit d'entendre bientôt une voix intérieure qui l'appelait aux sublimes fonctions du sacerdoce. Dès que la volonté de Dieu lui fut connue, il ne mit point de retard à l'accomplir, et il entra au grand séminaire d'Amiens, résolu d'appliquer toute son intelligence et toute sa volonté à l'acquisition de la science et des vertus sacerdotales. Dans ce milieu, plus favorable à son développement spirituel, on put remarquer le progrès sensible de sa piété animée par le souffle puissant de la grâce, et soutenue par la nourriture plus substantielle des saintes Écritures et de la science sacrée.

Cette retraite toutefois ne suffit pas longtemps à la trempe énergique de son âme. Sous un extérieur plein de retenue et réglé jusque dans ses allures méthodiquement invariables, notre cher confrère

portait un cœur ardent pour le bien et avide de
sacrifices. Il sentait le besoin de faire une as-
cension de plus, selon le langage du Roi-Pro-
phète, vers cette montagne de la perfection à
laquelle il tendait. Briser les derniers liens qui
l'attachaient au siècle, immoler la chair et le sang,
se dépouiller de sa volonté propre, se consacrer en
un mot sans partage à son Dieu dans la vie religieuse, tel fut le grand dessein qu'il conçut sous
l'inspiration de celui de qui descend tout don par-
fait. La vocation de M. Vicart était vraiment
marquée au doigt de Dieu, il n'y avait plus qu'à la
suivre. A cet effet, il se tourna de préférence vers
saint Vincent de Paul dont la figure répondait
mieux à l'humble et douce charité de son âme,
et il vint frapper à la porte de la Congrégation de
la Mission.

Il y fut reçu le 9 avril 1828. Au comble de ses
vœux, il s'adonna de tout son cœur aux exercices
du noviciat, s'appliquant surtout à faire chaque
chose en son temps, simplement, et à éviter toute
singularité. Ce fut sans doute pendant cette année
de prières, de recueillement et d'épreuves que
M. Vicart reçut du ciel le don si précieux d'une
sagesse fondée sur d'inébranlables convictions et
exempte de ces vicissitudes qui, trop souvent, lui
font subir chez d'autres de notables altérations.

Doué d'une raison droite et ferme qui tint toujours dans la règle son imagination et son cœur, il
fut essentiellement homme d'ordre dans toutes les

habitudes de sa vie, et il s'attacha à tout faire avec nombre, poids et mesure. Unité de caractère invariablement soutenue, sûreté de coup d'œil pour aller droit à Dieu, constance infatigable dans les moyens pour atteindre la fin, tels furent les traits dominants de cette âme qui ne perdit jamais la paix, parce qu'elle réalisa toujours en elle-même la tranquillité dans l'ordre.

Après avoir ainsi solidement établi au noviciat les jalons de son avenir spirituel et imprimé à sa conduite le caractère qu'elle devait garder toute sa vie, M. Vicart se mit à la disposition de ses supérieurs comme la lime entre les mains de l'ouvrier. La Providence, toujours admirable dans ses voies, et qui se plaît souvent à déjouer les conseils de la prévision humaine, le détacha de la maison-mère quelques mois avant sa prêtrise et le ramena au point d'où il était parti, dans ce bon collège de Montdidier toujours cher à son cœur, et où il avait sucé dans ses jeunes années le premier lait de sa vocation. Il fut doublement heureux de s'y confirmer par la grâce des saints vœux, qu'il prononça le 10 avril 1830 avec les marques de la plus solide piété.

Chargé par l'obéissance d'une classe élémentaire de l'établissement, il s'acquitta de ce soin avec toute la perfection que requiert l'enseignement des petits enfants. Il préparait ainsi, à son insu, par d'humbles commencements, la grande mission que Dieu lui réservait dans l'œuvre si excellente de l'éducation de la jeunesse. Une grande

douleur, du reste, vint en quelque sorte consacrer
ses débuts dans le courant de la même année. Son
vénérable père venait de mourir; il s'éteignait
laissant après lui une race d'enfants prédestinés.
M. Vicart, appelé en toute hâte dans cette douloureuse circonstance, dut s'armer d'un bâton de
voyage, et fournir à pied, le cœur oppressé et les
yeux pleins de larmes, une route de dix-huit lieues
à travers les glaces et les neiges d'un hiver excep-
tionnel.

Après avoir rendu à la froide dépouille de son
père les derniers devoirs de sa piété filiale, il revint
mûri et fortifié par cette épreuve chrétiennement
supportée, et reprit avec un nouveau zèle le cours
de ses modestes fonctions. Il ne les interrompit
pendant quelques jours que pour se parfaire dans
l'amour du sacrifice, par la grâce de la prêtrise qu'il
reçut le 24 septembre 1831. Mais bientôt la luci-
dité rare de sa méthode auprès de ses élèves, et
son aptitude vraiment exceptionnelle pour les
sciences exactes le désignèrent à la sagacité de
son supérieur pour la chaire de mathématiques
spéciales. Il l'occupa pendant dix-sept ans avec
une distinction rare, reconnue et proclamée par
tous ses élèves sans exception. Ce n'est point notre
tâche de parler ici de la clarté incomparable de son
enseignement, de la justesse de ses comparaisons
prises dans des réalités sensibles et qui donnaient
à chacune de ses leçons un cachet de simplicité,
d'où la lumière jaillissait à flots jusque dans les

esprits les plus bornés de sa classe. Nous laissons
à d'autres le soin de tracer en détail le portrait du
maître qui, par la profondeur même de son savoir
et par son dévouement sans bornes, sut se
mettre à la portée de tous et bien mériter de
chacun de ses disciples. Nous nous bornerons à
dire que M. Vicart, pendant cette longue période
d'années consacrées au même enseignement avec
une application toujours égale, fit preuve d'une
constance bien rare aujourd'hui, et du peu de
goût qu'il avait pour ces changements non provo-
qués par l'obéissance, et qui exercent sur certains
esprits moins mortifiés une séduction trop facile.
Il sut faire passer toute son âme dans l'accomplissement consciencieux de son emploi, et mettre
tout son vouloir dans son devoir. Dans l'étude
d'ailleurs si élevée des sciences physiques et natu-
relles, son œil simple et droit découvrit sans effort
et sut faire aimer cette main invisible qui a disposé
tous les éléments avec une admirable sagesse et qui
seule contient la solution parfaite de tous les pro-
blèmes de la nature. Nous l'avons entendu nous-
mêmes dans les dernières années de sa vie, alors
que, cloué sur un fauteuil au coin de son feu, il
sentait se disloquer pièce à pièce la machine si délicate de son corps, nous rappeler avec une sorte
de stupéfaction religieuse les lois qui régissent
certains phénomènes physiques et nous étonner
non moins par la vivacité de sa foi que par la finesse
de ses aperçus. Par là, M. Vicart sut convertir ses

classes, arides en apparence pour la piété, en une sorte d'apostolat qui, à la faveur des attraits de la science, trouvait plus facilement le chemin du cœur et lui faisait bénir l'auteur de tant de merveilles.

Dix-sept années consécutives d'un enseignement supérieur et toujours accompagné de succès, le spectacle quotidien de ce dévouement sans bornes pour la jeunesse, rendu encore plus sensible par la douceur constante de ses procédés, ce fonds solide de sagesse et de piété que rien, même dans le milieu profane et dissipant d'un collège, n'avait pu amoindrir, finirent par arracher notre cher et vénéré confrère à l'obscurité qu'il chérissait par-dessus tout, et lui valurent aux yeux des élèves et de l'opinion publique une considération qui ne tarda pas à le désigner pour l'occupation d'un poste plus important. La Providence en fit bientôt naître l'occasion.

II

M. VICART NOMMÉ SUPÉRIEUR DU COLLÈGE DE MONT-
DIDIER (1848). — SON ATTACHEMENT A L'OBSER-
VANCE DES RÈGLES ET AU LEVER DE QUATRE
HEURES. — SES VERTUS ET SON DÉVOUEMENT
POUR LA PROSPÉRITÉ DU COLLÈGE. — SON AMÉ-
NITÉ POUR SES CONFRÈRES. — SA PRUDENCE
JOINTE A UNE GRANDE ÉNERGIE.

On était en l'année 1848. La mort ayant ouvert
un vide parmi les assistants du Supérieur général,
celui-ci dut procéder à l'élection d'un remplaçant
en attendant la réunion de la vingtième assemblée
générale. Son choix tomba sur la personne de
M. Martin, alors supérieur du collège de Montdidier.
Le nouvel élu rappelé à Paris, la voix publique
proclama aussitôt M. Vicart comme le plus digne
de recueillir sa succession. Ce vœu si légitime de
tous fut agréé par l'autorité majeure, et M. Vicart
fut nommé, à la satisfaction générale, supérieur
du collège de Montdidier.

Ici s'ouvre une période nouvelle dans la vie de
notre vénéré défunt. Elle mesure le long espace
de vingt-deux années et nous offre, avec un théâtre
plus rapproché de nous, un sujet d'admiration
plus sensible et plus intéressant. Ce n'est pas que
nous ayions à parcourir des voies plus extraordi-

naires que précédemment. M. Vicart eut seulement ceci d'extraordinaire, c'est qu'il fit toujours
bien les choses ordinaires, et se défia constamment
de tout ce qui portait l'empreinte de quelque singularité.

Préposé à la conduite de son cher collège, il
commença par courber humblement la tête sous
le joug de la volonté de Dieu, et par demander
à l'esprit de foi et à ses exercices de piété la
grâce de bien remplir sa nouvelle et difficile
mission. Nous l'avons vu, à cet effet, vaquer fidè-
lement à l'oraison du matin, malgré tout ce qu'avait
de pénible cet exercice pour son tempérament
frêle et délicat. Dans les rigoureuses matinées
d'hiver surtout, il était aisé de voir que son exactitude au lever de quatre heures était une habi-
tude exceptionnellement laborieuse pour lui, et
l'effet d'une grande victoire remportée chaque jour
sur lui-même. Du reste rien qui ne fût simple et
tranquille dans les mouvements apparents de son
âme en prière; tout semblait se réduire à la disposition déjà si précieuse d'une droite et ferme volonté d'assurer le succès spirituel de la journée qui
commençait. Il se disposait par là à mettre le
comble à son union avec Dieu dans la célébration
des saints mystères. Tant que sa santé le lui permit, et à moins de grave empêchement, il quittait
sa chambre un quart d'heure avant la messe de
communauté et allait faire sa préparation au pied
de l'autel. Nous l'avons vu rester fidèle à cette

religieuse pratique, même lorsque l'état de ses jambes ne lui permit plus de se mettre à genoux. Ce soin attentif à disposer ainsi son âme à la célébration prochaine du saint sacrifice démontre assez quel était son souverain respect pour la divine Eucharistie, et combien il était jaloux de purifier son âme des moindres souillures avant de recevoir le Saint des saints. A l'autel on pouvait remarquer en lui une gravité éloignée de toute emphase, et en dépit de la raideur de ses membres rebelles à sa volonté, surtout dans ses dernières années, une grande simplicité d'allure et de maintien. Ennemi de la précipitation en toutes choses, il s'attachait à mettre une pieuse lenteur dans l'action du sacrifice, sans jamais dépasser toutefois la demi-heure à l'exemple de saint Vincent.

Cette dévotion calme et régulière animait tous les exercices de piété de M. Vicart. Examens, visite au T. S. Sacrement, lecture spirituelle, bréviaire, tout se faisait à point nommé et toujours de la même manière. Cette ponctualité constante, cette similitude invariable avec lui-même dans toutes ses manières semblait être en quelque sorte le résultat d'un ressort caché qui réglait tous ses mouvements avec la précision et la régularité d'une horloge. Sa physionomie générale sous ce rapport lui donnait un cachet non moins original qu'intéressant, et rien évidemment ne pouvait l'expliquer que l'esprit de foi qui l'animait toujours dans ses prières, et cette parfaite égalité d'humeur qui ne l'abandonna jamais. Cette heureuse disposition d'esprit se faisait surtout remarquer en lui dans la récitation du bréviaire. En quelque situation d'affaires qu'il se trouvât, avant de commencer ce saint exercice, on le voyait se recueillir doucement et retrouver, comme sans effort, ce calme si favorable au sentiment de la présence de Dieu. La lenteur religieuse et presque exagérée qu'il apportait notamment à la récitation des prières préparatoires et secrètes généralement plus maltraitées que les autres par le fléau de la routine, dénotaient dans M. Vicart le sentiment qu'il avait de l'excellence de cette prière faite au nom de l'Église et son souverain respect pour la Majesté invisible de Dieu. Il tenait toujours son livre des deux mains, et s'astreignait invariablement à lire dans le texte, cherchant sans doute en cela un genre de mortification plus particulièrement propre à le préserver de l'égarement des sens. Nous l'avons vu dans ces conditions et quoique réunis en petit comité dans sa chambre où le froid excessif de certains hivers nous obligeait parfois à nous retirer, se mettre en souci de l'observance de l'astérisque, et s'attacher à nous faire éviter, à son exemple, toute précipitation, par le soin d'une prononciation digne, attentive et vraiment religieuse. Ce caractère de dignité, d'exactitude, de dévotion l'accompagnait jusqu'à la fin, et il sortait de cet exercice sans doute plus près de Dieu, mais non moins accessible aux hommes et aux affaires dont la charge lui incombait.

C'est ainsi que M. Vicart sanctifiait chaque journée par une pratique simple, constante et exacte de tous ses exercices de piété. C'est sur ce fonds religieux qu'il résolut de s'appuyer pour s'acquitter utilement de ses nouvelles fonctions, et réussir à glorifier Dieu dans l'œuvre si délicate et si laborieuse de la direction du collège. Dieu, en retour de cette fidélité, et pour ne pas frustrer le pieux dessin de son serviteur, se plut à enrichir son âme de lumières précieuses et à l'orner de tous les dons célestes qui rendent l'homme habile dans le gouvernement d'autrui et dans la conduite d'une œuvre. Le zèle, la prudence, la patience, trois vertus essentielles dans celle de l'éducation, et dont l'exercice réclame fréquemment le concours de beaucoup d'autres, ne tardèrent pas à briller en lui d'un éclat peu commun. La rapide esquisse que nous allons en tracer suffira pour nous en convaincre.

La charité est un feu, a-t-il été dit, et le zèle en est la flamme. Celle-ci se mesure aux proportions du foyer d'où elle émane. A ce signe, il nous est facile de reconnaître quel devait être le zèle qui embrasait l'âme de M. Vicart. Il avait beaucoup de zèle parce qu'il avait beaucoup d'amour : mais son zèle était vraiment selon la science et accompagné de la plus pure intention de plaire à Dieu et de lui gagner le prochain. Il avait une sorte d'horreur innée pour tout ce qui trahissait l'amertume ou la violence dans la direction des élèves. Il les aimait

tendrement et sa parole douce et paternelle s'attachait surtout à produire la persuasion dans les
cœurs. Cent fois il revenait, quand il y avait lieu,
sur les mêmes observations et cent fois elles tombaient de sa bouche avec un accent pénétrant de
bonté. Il était doux, et par là, selon la parole de
Notre-Seigneur, il possédait vraiment la terre qu'il
avait mission de cultiver. Sa mansuétude était
telle qu'elle le rendait inoffensif jusqu'à la timi-
dité, disposition pacifique qui allait jusqu'à lui
causer parfois des frayeurs naïves. Un jour, par
exemple, on lui présenta un révolver évidemment
vierge de tout engin meurtrier, car il sortait direc-
tement de chez l'armurier. A la vue de cette arme
dont le mécanisme savant piquait vivement sa
curiosité artistique, il se sentit visiblement ému.
Le désir de voir et la crainte de toucher se partageaient ingénûment le jeu de sa physionomie, et
ce ne fut enfin qu'avec une extrême inquiétude
qu'il put se résoudre à la tenir quelques instants,
et seulement du bout des doigts. Son zèle, toujours
fruit de l'amour, le rendait compatissant aux souffrances d'autrui : son système nerveux du reste
très développé joint, comme c'est l'ordinaire, à
une exquise sensibilité d'âme, l'obligeait même
parfois à s'arracher violemment au spectacle d'une
douleur aigue. Il entendait d'ailleurs que pour tous
les malades de sa maison, les ordonnances du mé-
decin fussent scrupuleusement suivies, et qu'on
n'hésitât pas à faire largement toutes les dépenses

exigées par les besoins du malade ou suggérées par une délicate attention. Son âme était visiblement torturée quand il apprenait la situation désespérée de quelqu'un de ses confrères ou de ses élèves. Sa ressource ordinaire de sauvetage dans ces cas critiques, où la science semblait impuissante à conserver le malade à sa tendresse était de proposer aussitôt à sa communauté une neuvaine de *Memorare*. Toujours il fut exaucé par Celle qui s'appelle le Salut des infirmes, et il est remarquable que pendant toute la durée de son supériorat, jamais aucun deuil d'élève, si particulièrement triste dans ces maisons vivantes où s'agite une ardente jeunesse, ne vint démentir l'efficacité de son zèle et de son attachement pour les siens.

Le simple éloignement des élèves lui était comme insupportable. Il les portait tous dans son cœur de père, et souvent on le vit verser des larmes en leur adressant ses adieux à la fin de l'année scolaire. Tous cependant ne le quittaient pas d'ordinaire ; quelques-uns, à raison de leur nationalité étrangère ou pour tout autre motif, demeuraient au collège pendant les vacances. M. Vicart en était visiblement satisfait, car il aimait à voir dans cette petite couronne d'élèves qui lui restaient encore l'image de sa chère communauté absente. Aussi ne négligeait-il rien pour plaire à cette poignée d'enfants moins favorisés que les autres et pour adoucir leur privation. Il se faisait vraiment tout à tous et devenait quel-

quefois même enfant avec eux. Dînant au grand
réfectoire pendant les vacances de Pâques pour
ne point s'en séparer, il partageait avec eux après
le repas les frais de la récréation. Il les faisait
monter successivement en chaire et provoquait
chacun d'eux à débiter, pour l'agrément de la
petite société présente, les contes les plus merveilleux, les histoires les plus incroyables. Puis
relevant à son tour le gant du défi et devenant
narrateur, il éclipsait invariablement tous ses
rivaux transportés d'un fou rire par la piquante
originalité de ses inventions et le merveilleux incomparable de son répertoire. Ses histoires du reste
n'amusaient pas seulement les enfants. Les confrères eux-mêmes, en mille circonstances, notamment dans les réunions du soir après le souper,
étaient charmés de les entendre. M. Vicart savait les
rééditer cent fois et les rendre toujours nouvelles.
Elles avaient toutes du reste un cachet de bonhomie naïve et spirituelle tout ensemble assai-
sonnée d'un goût de terroir qui les rendait inimi-
tables. On se souviendra longtemps au collège des
hauts faits de *Tristram* et de *Capable*, tambours
légendaires de *Doullens* qu'il a immortalisés de
sa verve gauloise. La physionomie du cousin
Villéret, vivement crayonnée dans ses récits,
gardera toujours dans l'esprit de ceux qui les
entendirent ce caractère primitif et jovial qui lui
donne un charme tout à fait *sui generis*. On
s'étonnera peut-être que nous nous arrêtions à ces

détails en apparence insignifiants. mais nous en sommes sûrs, tous ceux qui ont connu de près M. Vicart nous sauront gré d'avoir touché d'un mot ce côté vraiment pittoresque de sa figure. Ne révèlent-ils pas d'ailleurs à leur manière l'admirable candeur de son âme ? Chez M. Vicart en effet, l'âge mûr et la vieillesse furent comme le miroir de son enfance. Les premiers souvenirs, les premières impressions de sa vie s'y réfléchissaient naïvement dansles heures de récréation, signe non équivoque de son innocence ! Car c'est le privilège des cœurs purs de retenir jusque dans la vieillesse la transparence vive des impressions du jeune âge et d'y puiser une source féconde d'innocents plaisirs et de naïfs délassements. Mais reprenons le cours de ses œuvres.

Comprenant la haute importance de la charge qui lui incombait, M. Vicart en avait fait sa chose unique entre toutes, et il lui donnait tous ses soins. Une sorte de voix intérieure à laquelle il répondait avec empressement semblait lui crier sans cesse : « *Hæc meditare, in his esto.* » Aussi de cette méditation, de cette sollicitude de chaque jour jaillirent des améliorations sensibles de toute nature, et de nouveaux éléments de prospérité pour sa maison. La discipline centralisée donna à la direction générale un caractère d'unité et de force qui lui manquait. Les études furent encouragées par la création de nouveaux moyens d'émulation. Le contentement de tous, fruit d'une sage et paternelle vigilance, affermit chaque jour davantage le bon esprit de la maison, et bientôt, grâce aux saintes industries de son zèle, ce roi vraiment pacifique et débonnaire put étendre son sceptre chéri de tous sur un peuple d'enfants, heureux comme en famille et croissant chaque jour autour de lui en nombre, en science et en sagesse. Il ne s'endormit pas sur ces premiers succès, mais, sentinelle toujours active, il s'intéressait aux besoins et aux progrès de tous. Tantôt il présidait avec une autorité judicieuse au choix des bonnes méthodes d'enseignement; tantôt il déployait pour le bien spirituel des âmes une énergie à la fois ardente et mesurée, toujours il dispensait largement à tous les siens cette parole douce et forte, fidèle image de son âme, cette parole qui, comme un glaive à deux tranchants, pénétrait victorieusement les esprits, et soumettait toutes les résistances aux charmes de son empire.

Cette parole du reste n'était pas celle de l'homme, mais bien la parole de Dieu. Il n'en voulut pas d'autre au service de sa maison, et jamais il ne descendit pour elle aux expédients de l'article ou du prospectus ampoulé. Il la sema donc constamment dans le champ qu'il avait à cultiver; aussi quelle abondante moisson ne fit-il pas pour la gloire du Père de famille? Les vocations au sacerdoce et à la petite Compagnie se multiplièrent sous sa main, et chaque année apportait son contingent fidèle de jeunes gens qui allaient grossir le nombre des élèves du sanctuaire ou du noviciat. Sous l'influence

de cette atmosphère que sa direction et ses exemples
créaient autour de lui, les germes si variés de la
grâce se développaient comme sans effort, et chacun,
au sortir de cet asile béni où régnaient la plus
franche cordialité et la plus grande liberté d'ex-
pansion, prenait gaiement la route que le doigt de
Dieu lui montrait. Prêtres, missionnaires, religieux, soldats, avocats, cultivateurs, commerçants,
toutes les professions de l'avenir en un mot, con-
fondues pêle-mêle s'épanouissaient à l'aise, et, par
un privilège bien rare en pareil cas, à l'abri de tout
respect humain. L'arche de Noé, avec la variété
multiple de ses habitants, avec sa flottaison tranquille sur les eaux tourmentées du déluge, ne figure
pas trop mal cette maison *sui generis,* ouverte de
tout temps à une population cosmopolite d'écoliers,
triés en quelque sorte par le doigt de Dieu, et préve-
nus d'une grâce singulière de préservation sur cette
mer orageuse du monde où la jeunesse fait tant de
naufrages. Aussi dans tous les rangs de la hiérar-
chie sociale, et jusque dans les contrées les plus
lointaines, ce collège si longtemps personnifié dans
M. Vicart qui l'animait de son esprit compta-t-il de
nombreuses générations d'hommes pleins de reconnaissance et d'attachement pour lui, et, ce qui vaut
mieux encore pour sa solide gloire, une pléiade
innombrable de chrétiens fidèles et militants.
Séduits et vaincus par les charmes de cette figure
pleine de simplicité et d'amour, pénétrés jusqu'au
fond du cœur par les graves et salutaires leçons

qui tombaient chaque jour de sa bouche, entraînés enfin vers le bien par l'exemple irrésistible d'une vie toute de dévouement et de sainteté, ils ont eu à cœur de ne jamais démentir par leur conduite les enseignements d'un tel Père, et ils sont restés, dans un temps où l'apostasie du bien passe pour vertu, l'honneur des traditions du collège et la consolation de l'Église.

C'est ainsi que M. Vicart étendit d'abord son zèle à l'âme de son collège, s'il est permis de parler ainsi. Mais avide de réaliser le bien sous toutes les formes qui répondaient aux exigences de sa charge, il ne négligea pas le soin d'un matériel qui, depuis longtemps, réclamait d'urgentes améliorations. Dans ce but, et afin de plaire davantage à Dieu, il entra dans la voie des sacrifices personnels. Car nous avons ouï dire qu'il n'hésita pas à consacrer à l'installation d'un préau-couvert de récréations une somme relativement importante, dernier reste, croyons-nous, de son avoir patrimonial. Il s'appliqua ensuite à une série de réparations méthodiques non moins indiquées par les besoins ou les convenances que proportionnées aux ressources dont il pouvait disposer. Car M. Vicart fut toujours un administrateur économe et prudent. Il fit peu à la fois, mais chaque année voyait se réaliser un progrès, une amélioration utile, et par là, à force de résolution, de patience et de suite, il parvint insensiblement et sans jamais obérer son budget, à transformer en quelque sorte sa maison. Une

suite de sages dispositions rendit le local mieux
approprié aux besoins du collège et même quelques
embellissements dont la simplicité égalait le bon
goût vinrent en agrémenter le séjour. La chapelle,
sous ce dernier rapport, eut les prémices de son
zèle. Par l'effet d'une charité bien ordonnée, il
voulut d'abord donner ses soins à la maison de
Dieu et il réussit à faire disparaître la nudité trop
sévère et un peu monotone de son intérieur sous la
grâce des ornements et la richesse des peintures.
Il donna vraiment à la chapelle la physionomie
qui lui convenait, c'est-à-dire ce petit air de fête
qui captive le cœur des enfants par les yeux et qui
leur rappelle si bien le Dieu qui réjouit la jeunesse.
Après la chapelle, il entreprit successivement,
d'année en année, la restauration des dortoirs,
du réfectoire, de la salle d'étude, de la bibliothèque,
du parloir, de la cuisine, etc..... Les malades cap-
tivèrent surtout son attention charitable, et non
content de rafraîchir et d'approprier le local de
l'infirmerie, il y créa avec le concours d'un confrère que sa modestie ne nous permet pas de
nommer, un petit oratoire plein de mystère et d'à
propos dédié à la Mère des douleurs. Celle-ci tenant
sur ses genoux son divin fils descendu de la Croix,
semble lui adresser les paroles que portent l'ins-
cription sacrée en tête du sanctuaire : « *Ecce quem
amas, infirmatur.* »

Tous ces progrès, répétons-le, s'effectuaient
graduellement et sans bruit, d'après un plan lon-

guement mûri, arrêté avec précision jusqu'aux moindres détails, et scrupuleusement exécuté. C'est ainsi que, par un renouvellement partiel, continu et économique, les conditions de bien être se multipliaient chaque jour, et la situation générale s'améliorait sensiblement. M. Vicart dans l'exercice de son zèle, tenant en quelque sorte le glaive d'une main, la truelle de l'autre, avait réalisé pour le collège la double mission d'Esdras sur les murs de Jérusalem.

Au reste cet amour fort, constant et éclairé pour l'œuvre que l'obéissance lui avait confié lui tint lieu de prudence, selon la parole de saint Augustin : « *Ama, et fac quod vis;* » ou plutôt cet amour fut comme le foyer où s'alluma le flambeau de cette vertu-mère qui règle l'exercice de toutes les autres, et sans laquelle le bien même cesse d'être le bien. La prudence, nous n'hésitons pas à le dire, reluisait excellemment dans toute la conduite de M. Vicart. Une sage lenteur préparait l'exécution de ses résolutions. Certains plus enclins à la précipitation, fruit amer de la jeunesse et de l'inexpérience trouvaient qu'il poussait parfois cette vertu trop loin. Ils s'étonnaient que certaines mesures proposées par un zèle plus ardent qu'éclairé fussent invariablement condamnées à subir la *quarantaine* devant la barrière infranchissable de son jugement; mais finalement il fallait bien le plus souvent reconnaître la supériorité de cette tactique, et applaudir à ses résultats. Il s'en suivait que tout se faisait avec ordre, poids et mesure. Cette force d'inertie dont il était merveilleusement doué et qu'il opposait à certaines excitations par lesquelles on esseyait de l'entraîner n'était pas étrangère chez lui à la prudence du serpent ; car son effet infaillible était de calmer avec le temps et sans conflit, comme par la vertu d'un bain froid, les ardeurs inconsidérées et un peu trop guerrières. Il procédait alors avec une discrétion savante qu'aucun stratagème ne pouvait surprendre, et où le silence, qui est d'or, tenait la grande place qui lui revient dans l'art de gouverner les hommes. *« Sacramentum regis abscondere bonum est. »* Par un effet de cette même prudence, il savait allier à la douceur des moyens dont nous avons déjà parlé, cette force qui atteint toujours le but proposé; alliance bien rare dans les hommes d'autorité moins bien équilibrés que lui par la nature ou par la grâce. Mille exemples seraient à citer de la fermeté de cette âme qui, après avoir épuisé toutes les ressources de l'indulgence et de la longanimité, s'armait alors d'une indomptable énergie, et frappait des coups terribles et toujours irrévocables. Un jour une mère venait demander grâce pour son fils renvoyé. Elle tombe aux genoux de M. Vicart. Elle prie, elle conjure ; en proie à une douleur navrante, elle pleure à sanglots redoublés. M. Vicart, fort de sa conscience et de son devoir, impose silence à son cœur et reste immuable dans son arrêt. Une autre fois, un jeune homme, fils de l'une des plus opulentes familles de la contrée, s'était pour un cas grave attiré la même sanction. La haute situation du père, son crédit, sa puissance furent mis en jeu pour détourner le coup et sauver l'honneur menacé ; mais tout fut inutile. La fermeté de M. Vicart l'emporta et l'élève dut quitter l'établissement. C'est que notre vénéré confrère ne voulant point enjamber, à l'exemple de saint Vincent, sur l'heure de la Providence, avait appris de lui à ne rien décider sans de mûres réflexions et de longs atermoiements ; mais quand une fois il avait connu la volonté de Dieu, il allait, comme son modèle, toujours en avant sans faire aucune concession au respect humain ni se laisser déconcerter par aucun obstacle.

Cette conduite sage et ferme parce qu'elle excluait, dans l'exercice de l'autorité, toute passion et toute vaine considération, maintenait M. Vicart dans un continuel esprit de foi, ou plutôt elle en était la conséquence forcée, et avait l'avantage de ne laisser voir en sa personne que l'homme de Dieu. C'est sous cet aspect qu'il s'offrait constamment à tous ceux qui le considéraient de près, et c'est par là que depuis sa jeunesse jusque sous le poids des années qui commençaient à s'accumuler sur lui, il passait en faisant le bien.

Nous venons de parcourir une longue chaîne de vertus et de bonnes œuvres engendrées par la piété, le zèle et la prudence de M. Vicart, comme par trois sources-mères. L'éloge de notre cher défunt semblerait devoir se borner à ce tableau déjà si édifiant. Mais il lui manquerait encore beaucoup, et notre tâche serait très incomplète, si nous omettions de parler de ce qui mit le comble à ses mérites, c'est-à-dire de ce long exercice de patience auquel M. Vicart fut soumis, pendant ses huit dernières années, et qui fut comme le digne couronnement de sa vie. Nous ne nous étendrons pas trop sur les longues et cruelles douleurs qui ont torturé à l'envi cette âme si douce et si sensible dans un corps si frêle et si délicat ; qu'il nous soit néanmoins permis d'échelonner quelques stations sur cette voie douloureuse, dans laquelle notre vénéré confrère porta si chrétiennement sa croix.

III

DERNIÈRES ANNÉES DE M. VICART. — SES MALADIES ET SES SOUFFRANCES. — NOUVELLES PREUVES DE SA PATIENCE ET DE SON ÉNERGIE. — IL FAIT ACCEPTER SA DÉMISSION DE SUPÉRIEUR (1870). — MORT DE M. EUGÈNE VICART, SON FRÈRE, ET DE M. ÉTIENNE. — SES DERNIÈRES DOULEURS ET SA MORT (1874).

Ce fut vers le milieu de l'année 1867 que M. Vicart ressentit les atteintes sérieuses du mal qui devait le conduire au tombeau. Un rhumatisme aigu, qui du reste s'était fait annoncer pendant tout le cours de sa vie par de fréquents symptômes, lui enleva tout à coup l'usage des jambes. Il fut accompagné de souffrances cruelles qui parfois lui arrachaient des cris déchirants, mais où la violence de la douleur semblait se perdre dans un effort de conformité à la volonté de Dieu. La locomotion lui étant devenue impossible, il fallut recourir à l'emploi des béquilles ; mais bientôt le mal fit de nouveaux progrès, et son organisme tout entier, la tête seule exceptée, fut envahi par la douleur. M. Vicart ne se tint pas pour battu, et voulant résister pied à pied à l'ennemi qui envahissait la place, il eut recours à une autre industrie. Une petite voiture, en manière de fauteuil, dans laquelle il dût rester cloué toute la journée, et dont la conduite fut confiée à un domestique attaché au service de sa personne, lui permit de se porter dans toutes les directions de l'établissement et d'y exercer encore efficacement son office. On cite d'illustres capi taines qui, quoique infirmes et portés sur une litière, savaient encore gagner des batailles. M. Vicart, lui aussi, en dépit de ses douleurs toujours croissantes, tint d'une main ferme et sûre le gouvernail de sa maison. La chapelle, la salle d'étude, le réfectoire, etc... se ressentirent comme auparavant des heureux effets de sa présence. Voituré ainsi à droite et à gauche dans cet équipage douloureux que saluait l'attendrissement commun de ses enfants, il ne cessa de donner, pendant de longs mois encore, des preuves de son activité et d'assurer partout le bon ordre. La maison avait encore une tête qui donnait l'impulsion à tout.

Mais ce prodige de force et d'énergie ne pouvait durer toujours. Le mal n'avait point de trêve ; il s'aggravait chaque jour en persévérant ; il finit par nécessiter des soins compliqués et assidus, absolument incompatibles avec les soucis du gouvernement. M. Vicart dès lors se regarda comme frappé d'impuissance pour le bien de sa maison, et craignant que l'œuvre dont il avait la charge ne périclitât désormais entre ses mains, il n'hésita pas à faire, le 14 avril 1870, un sacrifice qui dut coûter beaucoup à son cœur de père. Il fit agréer sa démission de supérieur par M. Étienne : puis plein d'une délicate déférence pour le successeur que la Providence venait de lui désigner, il lui fit, avec le plus touchant esprit de foi, sa déclaration d'obéissance. Depuis ce jour, M. Vicart ne s'étudia qu'à se faire oublier, et jamais, on peut l'assurer, par un exemple, bien rare en pareil cas, de réserve et d'humilité parfaites, jamais, pendant les quatre années qui s'écoulèrent depuis sa démission jusqu'à sa mort, on ne pût saisir sur ses lèvres la moindre parole de critique, ni la moindre divergence de vues avec celles de son successeur, hier encore son humble subordonné. M. Vicart, pour tout dire d'un mot, fut désormais complètement mort à son passé et à la direction de la maison.

Toutefois, dans cette condition nouvelle que ses infirmités et sa vertu lui avaient faite, notre vénéré confrère ne laissa pas que de rendre quelques petits services à la communauté. L'âme en dépit des souffrances physiques avait encore une certaine activité qui réclamait son aliment. Il affectionnait un petit pavillon rustique que M. l'assistant son frère lui avait fait construire, quelques jours auparavant, dans un angle du jardin. C'est là qu'on pouvait le voir retiré presque tout le long du jour, à la façon d'un ermite, partageant le temps entre ses fréquents exercices de piété et la surveillance du potager. Le seul désir dont il s'ouvrit à son supérieur fut qu'il voulût bien le confiner en quelque sorte dans ce petit ermitage si bien en harmonie avec la simplicité de ses goûts et la vie cachée dans laquelle il voulait s'ensevelir désormais. On le vit dès lors, toujours à l'aide de sa petite voiture, surveiller de près les semis et les plantations. Son esprit s'intéressait à tous les détails de l'horticulture ; il consultait les livres et tentait d'utiles expériences en vue du bien commun. Son domestique était loin d'être doué d'une perspicacité rare, mais il était vraiment remarquable par une aptitude singulière aux distractions les plus incroyables : nouveau sujet de sollicitude, on le comprend, pour le surveillant en chef. Un jour donc, pour citer un fait entre cent autres, Alfred s'avisa de semer dans un sillon à jour et parfaitement disposé des dragées blanches en guise de haricots. L'œil vigilant de M. Vicart s'aperçut bientôt de la méprise du brave homme qui avait pris, dans la chambre de son maître, un sac pour un autre, et qui s'évertuait avec une bonne foi robuste, à tenter un miracle de premier ordre. Cette aventure lui fit conclure une fois de plus qu'il devait réduire son jardinier improvisé au rôle de simple machine, et se réserver à lui seul toute la direction des travaux. On put donc constater à la lettre que, par les mains de son cher Alfred, serviteur dévoué mais aveugle, M. Vicart taillait, plantait, arrachait, façonnait en un mot tout l'ouvrage.

Ces soins divers donnés au jardinage en conformité de ses goûts, ce séjour prolongé, dans la journée, à l'air libre et pur donnaient parfois aux traits de notre infirme une apparence de satisfaction et de bien-être. La pensée de la mort, il est vrai, venait souvent le visiter dans cette solitude qu'il aimait et qui lui rappelait celle du tombeau ; mais la mort ne l'effrayait pas. Il l'attendait avec le calme d'un vrai sage, ne changeant rien au cours de ses exercices bien ordonnés, et vivant là, comme toujours, de la règle, afin de ne pas cesser de vivre de Dieu.

Celle-ci du reste avait sagement prévu les heures de récréation dont ce saint homme avait un impérieux besoin pour tromper un peu les souffrances cruelles qui l'étreignaient avec une vigueur toujours croissante. La parlaysie qui lui avait crispé et torturé les mains en vingt endroits, lui

avait pourtant laissé l'usage du pouce et de l'index.
Elle avait en quelque sorte respecté ces deux
doigts savants qui façonnèrent autrefois un chef-
d'œuvre d'art mécanique (1) admiré encore aujour-
d'hui dans le musée de l'établissement. M. Vicart se
ressouvint donc qu'il était mécanicien, et voilà
qu'un beau jour on vit sortir de son ermitage une
collection de moulins à vent aux formes les plus
variées et aux mouvements les plus contraires. Au
plus petit souffle de l'air, ces moulins rangés en
ligne sur l'arête d'un mur tournaient à l'envi dans
les directions les plus opposées, proclamant avec
le bruit des grelots qui y étaient attachés la dex-
térité surprenante du paralytique qui les avait
agencés.

Ces petites merveilles, on le conçoit, en piquant
la curiosité, semaient la gaieté autour de M. Vicart. Volontiers on se faisait ermite avec lui. On
voulait d'ailleurs jouir du charme de sa société et
surtout épargner le plus possible au malade les
ennuis inséparables de la souffrance et de l'isole-
ment. Comme une lampe qui va s'éteindre,
M. Vicart avait eu un moment d'épanouissement et
de joie ; mais ce moment fut court ; l'illusion s'éva-
nouit, et la cruelle réalité vint bientôt réclamer
du patient un nouveau sacrifice. Son organisme
s'affaiblit tellement, l'impressionnabilité du malade
devint si vive que force lui fut de renoncer à la

1. Une horloge en verre de toutes pièces, œuvre admirable
de patience, de délicatesse et de précision.

voiture et de garder la chambre, constamment
cloué sur un fauteuil, dans la plus complète immobilité. « Allons, nous dit-il alors, avec cet air de
spirituelle bonhomie qui ne l'abandonnait guère
jusque dans ses plus douloureuses crises, allons,
c'est encore une étape de faite ; il n'en faut plus
que deux pour arriver au terme : des béquilles à la
voiture, de la voiture au fauteuil, du fauteuil au
lit, et du lit au cercueil. » M. Vicart, on le voit,
fort de sa vertu, ne souriait pas seulement à la
souffrance, il se jouait agréablement avec l'itiné-
raire varié qui devait aboutir à la mort !

C'est à cette époque qu'il faut reporter la dernière visite que lui fit son vénérable frère, M. Eugène Vicart, assistant de la Congrégation. C'était
un malade qui visitait un malade, un frère qui ne
voulait pas mourir sans embrasser son frère qui se
mourait lui-même. Leur entrevue fut des plus
attendrissantes et l'édification de toute la maison.
M. l'assistant, à bout de forces après d'immenses
fatigues et les grandes émotions de la Commune,
torturé à l'excès par un asthme violent qui l'étouf-
fait, essaya d'un séjour prolongé auprès de son
frère pour donner à la fois satisfaction aux besoins de son cœur et aux exigences de sa santé.
Tout dès lors devint commun entre les deux frères
si bien faits l'un pour l'autre : souffrances, joies,
encouragements, reproches affectueux. Un courant d'amour entretenait incessamment des rela-
tions émues entre ces deux cœurs fondus l'un dans

l'autre, agités des mêmes craintes et des mêmes désirs. M. l'assistant fut quelquefois obligé de garder la chambre ; c'était alors un redoublement de messages ingénieux par lesquels ils cherchaient à se rassurer l'un l'autre. Le plus souvent cependant ils étaient réunis dans la chambre du paralytique. Spectacle triste et charmant à la fois. Les deux frères étaient là priant, gémissant en commun, s'égayant aussi quelquefois. Ils étaient là se serrant, s'unissant autour du même foyer comme deux lierres qui s'entrelacent pour attendre l'orage. Les histoires naïves de l'enfance revivaient sur leurs lèvres mourantes. Les premiers goûts de la vie, empreints d'une simplicité charmante, semblaient renaître dans leurs vieux jours comme pour compléter leur physionomie patriarcale devant la mort. La table devenait frugale à l'excès ; les mets les plus rustiques étaient de beaucoup préférés. Ils se partageaient avec délices une pomme de terre cuite sous la cendre du foyer. Ils la mangeaient sur le pouce, en l'assaisonnant de quelques réflexions facétieuses. C'était là pour eux un repas magnifique, encore était-il aussi rare que les bonnes journées pour leurs estomacs délabrés. Des scènes analogues, toujours naïves, attendrissantes, édifiantes se succédaient ainsi chaque jour, variant leurs formes à l'infini, mais conservant toujours un caractère de simplicité et de grandeur qui touchaient profondément tous ceux qui en étaient les témoins.

Ces quelques semaines passées ainsi au collège de Montdidier, semblèrent améliorer un peu la santé de M. l'assistant ; mais, ce mieux hélas ! ne devait être que factice et de bien courte durée. En tout cas, il crut que dans son état présent, le devoir l'appelait à la maison-mère dont il était depuis longtemps éloigné, et il partit le cœur bien gros, sonriant à travers ses larmes aux embrassements d'un frère qu'il ne devait plus revoir. Le sacrifice de la séparation était consommé ici-bas. De retour à Paris en effet, M. l'assistant retomba bientôt dans un état de souffrance de plus en plus inquiétant. Rien ne put en conjurer les progrès, et il s'éteignit enfin regretté de tous, comme un magnifique flambeau que Dieu avait fait luire pour l'édification de la Compagnie entière.

La nouvelle de cette mort, on le conçoit, frappa au cœur notre cher paralytique. Mais il la reçut avec la plus chrétienne résignation. Celui qu'il avait aimé, comme David aima Jonathas, le précédait dans la tombe comme pour lui rendre plus amère une existence qui n'était d'ailleurs plus pour lui qu'un martyre. Il se recueillit un instant et fit à Dieu son sacrifice, murmurant tout bas une prière, sans doute pour qu'il lui plût de hâter la délivrance qui devait le réunir à son frère. Mais elle se fit encore longtemps attendre. M. Vicart devait épuiser auparavant la coupe des souffrances. Il se résigna donc à vivre ou plutôt à mourir chaque jour, puisque telle était la volonté de Dieu.

Son humilité et sa crainte des jugements de Dieu
lui faisaient du reste agréer cette expiation prolon-
gée qui devait le purifier davantage. Dans un songe
qu'il eut peu de jours après la mort de M. l'assistant, il crut apercevoir son frère et courut aussitôt vers lui avec une indicible tendresse ; puis
ayant marché quelque temps à sa suite dans un
labyrinthe de voûtes basses et sombres, il le vit
s'arracher tout à coup à son étreinte et à ce séjour
ténébreux, pour se plonger dans un monde inondé
de lumière, semé de riantes prairies, de frais ruis-
seaux, embelli enfin de tous les charmes d'une
ravissante nature. Cette vision l'impressionna vivement ; il aimait à la raconter. En tout cas, et
quel qu'en fût le caractère, elle ne fit que le confirmer dans la douce confiance que son frère était au
ciel, et elle le porta lui-même à prendre toutes
ses sûretés afin d'aller l'y rejoindre par le plus
court chemin ; ce chemin, c'était celui des souffrances. Il entra donc plus avant encore dans la
résolution de s'offrir à Dieu en holocauste. Son
corps ne fut vraiment plus qu'une hostie vivante,
qu'il s'efforçait de rendre de plus en plus agréable
à Dieu. « Voudriez-vous bien guérir ou du moins
être soulagé, lui demandait-on quelquefois ? » —
« Comme le bon Dieu voudra » était sa réponse
accoutumée. Imitateur de Notre-Seigneur dans
cette douloureuse agonie qui devait durer près
d'une année entière, il n'avait d'autre volonté que
celle de Dieu.

Au mal qui s'aggravait de jour en jour à mesure que le terme approchait, vint s'ajouter la nouvelle inattendue de la mort de M. Étienne : ce coup de foudre retentit douloureusement dans tout son être. Il sentit comme la froide lame d'un glaive se retourner dans la plaie encore saignante, que la perte de son frère avait faite à son cœur. Meurtri, broyé dans ses membres et dans ses plus chères affections, M. Vicart n'avait plus rien d'intact que la tête. Dieu la lui laissait comme pour lui permettre de mesurer la profondeur de son accablement et de sa misère. Et pourtant notre patient n'avait pas encore gravi son calvaire. Il devait, avant de mourir, ressembler de plus près encore à son divin modèle.

Les symptômes devinrent si graves et si alarmants vers le milieu de l'année 1874, que M. Vicart dût se résoudre à fournir ce qu'il avait si ingénieusement appelé son avant-dernière étape. Il fallut entreprendre l'*aller* du fauteuil au lit, et cela, comme précédemment, sans espoir de *retour*. M. Vicart fut donc porté et étendu sur son lit, disons mieux, sur son dernier instrument de supplice ; sa ferveur toutefois ne se ralentit pas. Incapable de tenir son bréviaire ou même d'en retourner les feuillets, il se faisait aider par le frère qui le soignait et continuait à réciter l'office divin. Condamné à la plus gênante immobilité, il fut en quelque sorte crucifié sur sa couche. Les jours, les semaines, les mois entiers s'écoulèrent dans

cette torture, et toujours des lèvres du martyr
tombaient les mêmes paroles de résignation et
d'amour : « Comme le bon Dieu voudra, tant que
le bon Dieu voudra. » Ses chairs endolories depuis
longtemps par la privation absolue de tout mouve-
ment ne purent enfin résister à l'échauffement du
lit. Elles s'irritèrent et entrèrent en décomposition
rapide. Plusieurs de ses os furent mis à nu. Le dos
tout entier du malade ne forma bientôt plus qu'une
plaie vive et purulente. Job sur son fumier, soumis,
de son vivant, à l'horrible travail du sépulcre et
détachant un à un les lambeaux pantelants de ses
chairs meurtries, peut seul nous donner une idée
de l'affreuse situation de M. Vicart sur son lit. On
peut dire qu'il était collé dans toute l'étendue de
son corps, à un gril incandescent dont les brûlures
sillonnaient sa chair en tout sens et lui causaient
d'intolérables douleurs. La plume se refuse à
peindre un tel état d'angoisses, la pensée seule en
fait frémir ; et pourtant la patience du malade
n'était pas vaincue : une douce sérénité régnait
toujours sur son visage. Aux nombreux visiteurs
que l'amitié et la compassion groupaient autour de
son lit, il faisait un accueil gracieux et même enga-
geant. C'était comme un dernier reflet de cette
affabilité charmante qui distingua toujours en lui
l'homme privé, et qui, dès le premier abord, lui
conciliait les sympathies de tous. Doux envers tout
le monde, M. Vicart l'était aussi envers la mort.
Le secret d'une telle douceur, la nature ne le

donne pas ; il faut sans doute le chercher toujours dans la vertu surnaturelle de ces paroles sublimes dans leur simplicité : « Comme le bon Dieu voudra ; tant que le bon Dieu voudra. »

Jésus-Christ, du reste, pour soutenir son serviteur dans une si grande épreuve, venait le visiter à son tour. La piété du malade ne pouvait se passer de l'autel. Aussi la divine victime était-elle offerte chaque jour en sa présence à quelques pas de son lit ; chaque jour la chair adorable de Celui qui fut ici bas l'Homme des douleurs venait, par la sainte communion, raviver sa foi et retremper son courage. Dieu lui-même, par cet excès de condescendance, semblait s'étudier à ne se pas laisser vaincre en générosité et en amour.

Tandis que le mal, entré dans sa dernière période et consumant les forces à vue d'œil, se rassasiait en quelque sorte de la substance même du patient, il fut aisé de conjecturer que l'heure de la délivrance ne tarderait pas à sonner pour lui. M. Vicart la pressentit également. Aussi ne laissant pas échapper le temps d'accomplir toute justice, il voulut payer sa dette de reconnaissance à tous ceux qui s'étaient employés autour de sa personne pendant sa longue maladie. Alfred, son cher domestique, le bon frère qui lui avait prodigué jusqu'à la fin des soins si intelligents et si dévoués, le prêtre qui lui disait la messe à l'oratoire de sa chambre, tous ceux enfin qui l'avaient obligé en quelque manière, furent l'objet d'une attention

particulière, d'une parole vivement sentie de reconnaissance et de confusion. Il voulut même laisser à chacun d'eux quelques petits présents en
souvenir de sa personne : dernier effet de cette
délicatesse exquise qui le porta, de tout temps, à
récompenser largement les moindres services qui
lui étaient rendus. M. Vicart d'ailleurs goûtait
ainsi le double plaisir de faire des heureux et de
se dépouiller complètement devant la mort. Celle-
ci en effet ne devait avoir rien à prendre sur sa
victime. Tontes les attaches étaient depuis longtemps brisées, tous les sacrifices étaient consom-
més. La mort n'était plus qu'une libératrice.

Elle se présenta enfin, annoncée par les symptômes évidents d'un dénouement prochain. On crut
le moment venu de lui administrer les derniers
sacrements. A peine lui en eut-on fait la propo-
sition : « Ah! quel bonheur, s'écria-t-il, vous m'an-
noncez donc que je suis à la fin. » Il les reçut avec
des sentiments de foi admirables, répondant d'une
voix haute et ferme à toutes les prières liturgiques.
La cérémonie terminée, nous nous prosternâmes
au pied de son lit pour obtenir de celui qui fut si
longtemps notre père une suprême bénédiction.
M. Vicart, incapable de mouvoir son bras, en prononça la formule avec un accent plein de tendresse
et d'esprit de foi. « Bon père, reprit aussitôt son
successeur ému, puisqu'il faut se quitter ici-bas,
ah! ne m'oubliez pas là-haut. »—« Oui, répondit le
doux moribond, je me souviendrai de vous quand

je serai au Ciel, de vous et de la maison aussi. » Ce furent à peu près ses dernières paroles. L'assistance se retira édifiée, attendrie jusqu'aux larmes. M. Vicart demeura ainsi quelques jours encore entre la vie et la mort. Il s'éteignait insensiblement. Sa belle âme se retirait lentement et comme à regret de ce corps meurtri, crucifié, qui avait reçu la double consécration du sacerdoce et du martyre. Elle s'en allait pourtant, et retournait à Celui qui devait lui rendre des joies éternelles pour des souffrances passagères.

Dans la matinée du 20 octobre, le refroidissement des extrémités, le murmure d'un râle très léger, il est vrai, mais significatif nous avertirent que le malade touchait au moment suprême. La communauté aussitôt se rassemble autour de son lit. L'émotion gagne tous les cœurs et les prières des agonisants commencent. A peu près dans le même temps, la sœur servante de la Miséricorde s'avance vers le moribond comme pour lui signifier son dernier adieu. M. Vicart, ayant perdu l'usage de la parole, tourna sur elle un regard expressif où se peignit, comme dans un miroir, avec la douce joie de son âme, le dévouement de sa vie aux filles de la Charité. Ce fut son dernier éclair d'intelligence, son dernier sourire du cœur. Il retomba ensuite dans un assoupissement profond. Sa respiration devint plus lente et un peu saccadée, puis presque imperceptible, et enfin il s'endormit dans le Seigneur. L'horloge marquait onze heures vingt minutes. M. Vicart avait passé soixante-six ans sur la terre, quarante-six dans la petite Compagnie et cinquante et un au collège de Montdidier.

« Le surlendemain, la chapelle de l'établissement était trop étroite pour l'assistance nombreuse et recueillie qui se pressait autour d'un humble cercueil. D'anciens élèves, un nombreux clergé, et les magistrats de la ville avaient voulu s'unir aux directeurs et aux élèves de l'Institution pour rendre un dernier hommage de respect et de reconnaissance au vénérable défunt. (1) » Chacun, en accompagnant sa froide dépouille à la demeure où elle attend sa résurrection glorieuse, se disait en lui-même au souvenir de ce Juste: Quelle unité de vie! quel caractère! quelle mort!

Défendons-nous cependant d'une admiration stérile.

Que son exemple nous soit une leçon. Marchons ici-bas, comme lui, dans la droiture du cœur et nous entrerons un jour, comme lui, dans la vision du royaume de Dieu. *Justum deduxit Dominus per vias rectas, et ostendit illi regnum Dei.*

1. Semaine religieuse d'Amiens.

Imp. de la Soc. de Typ. — J. Mersch, 8, r. Campagne 1re, Paris.

9 782019 923518